Made in the USA
Columbia, SC
05 January 2022

53629168R00067